JN097860

楽しむ伝統文化

着物

③

着物・浴衣の着方、
ヘアアレンジや小物作り

監修　織田きもの専門学校

保育社
HOIKUSHA

この本を読むみなさんへ

みなさんは、着物にどんなイメージを持っていますか？
夏のお祭りのときに浴衣を着たことがある人や、
七五三のお祝いに着物を着たことがある人もいるかもしれません。

「着るのが難しそうだし、気軽には着られない」
「いろいろなルールがあって、めんどうくさそう」
というイメージなどから、着物をあまり身近に感じられない人も多いでしょう。

でも、昔の日本人のふだん着が着物だったように、着物はだれでも着られるもので、
難しいものではありません。身近に感じられるようになれば、
洋服と同じようにファッションの一つとして、おしゃれを楽しめるようになります。
とはいえ、TPO（Time 時 / Place 場所 / Occasion 場面）を守ることも大切なので
この本を読んで、知っておきましょう。

第1巻では、着物の種類やルール、着物に必要なアイテムなど着物の基本、
第2巻では、着ていくシーンや季節ごとのコーディネートの楽しみ方、
第3巻では、着付け方やヘアアレンジ、着物に使える小物作り、洋装との合わせ方など、
より実践的な楽しみ方を紹介しています。
手作りの小物を身につけるだけで、着物の楽しさがいっそう広がります。

着物は日本の伝統文化が詰まった、海外からも人気のある、とても魅力的な衣装です。
七五三や卒業式、結婚式などのお祝いの場以外にも、
旅先やちょっとしたおでかけなど、着物を着られる場面はたくさんあります。
いろいろなシーンで積極的に取り入れ、着こなしてみてください。
着物はみなさんを輝かせてくれるでしょう。

織田きもの専門学校

この本の内容や情報は、制作時点（2023年11月）
のものであり、今後変更が生じる場合があります。

参考文献

・『きもの文化検定公式教本 I　きものの基本』／社団法人 全日本きもの振興会編／ハースト婦人画報社／（2006 年）

・『ひとりで着られる着つけと帯結び　はじめての着物』／荘司礼子監修／主婦の友社／（2019 年）

・『最新版　きものに強くなる事典』／世界文化社／（2013 年）

・『調べる学習百科　和服がわかる本』／こどもくらぶ編／岩崎書店／（2016 年）

・『はじめてのゆかたの着付けとかわいい帯結び』／大竹恵理子監修／成美堂出版／（2023 年）

・『魅力を知ればもっと好きになる!　着物を楽しむ教科書』／池田由紀子監修／ナツメ社／（2022 年）

1章

自分で着てみよう

実際に着物を着てみましょう。
まずは着物の中でもかんたんな、浴衣の着方を紹介します。
女性と男性では少しだけ着方が異なります。

着物には特別な名称があるので、覚えておくと便利です。
浴衣の名称も、着物と同じです。

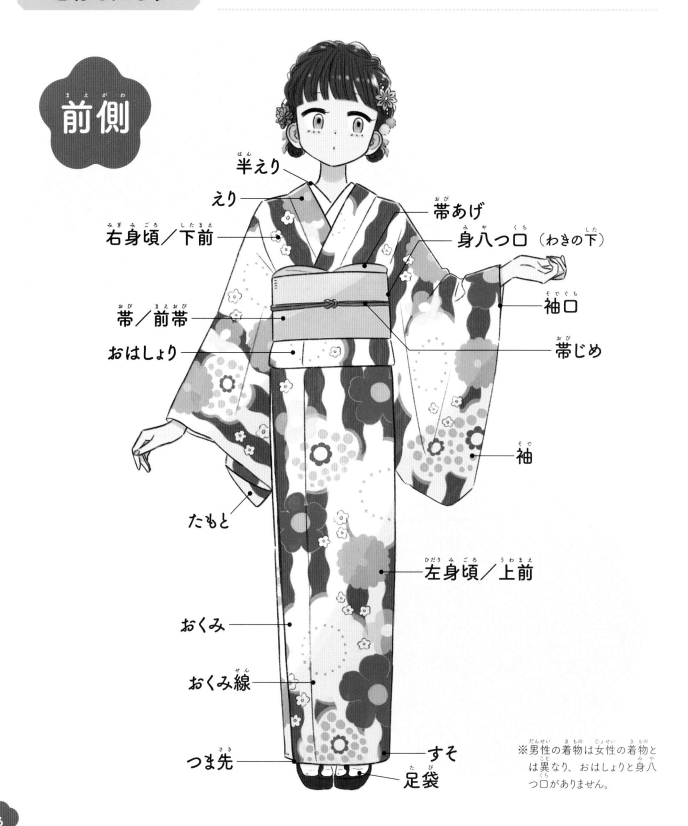

前側

半えり

えり

右身頃／下前

帯あげ

身八つ口（わきの下）

袖口

帯／前帯

帯じめ

おはしょり

袖

たもと

左身頃／上前

おくみ

おくみ線

つま先

すそ

足袋

※男性の着物は女性の着物と
は異なり、おはしょりと身八
つ口がありません。

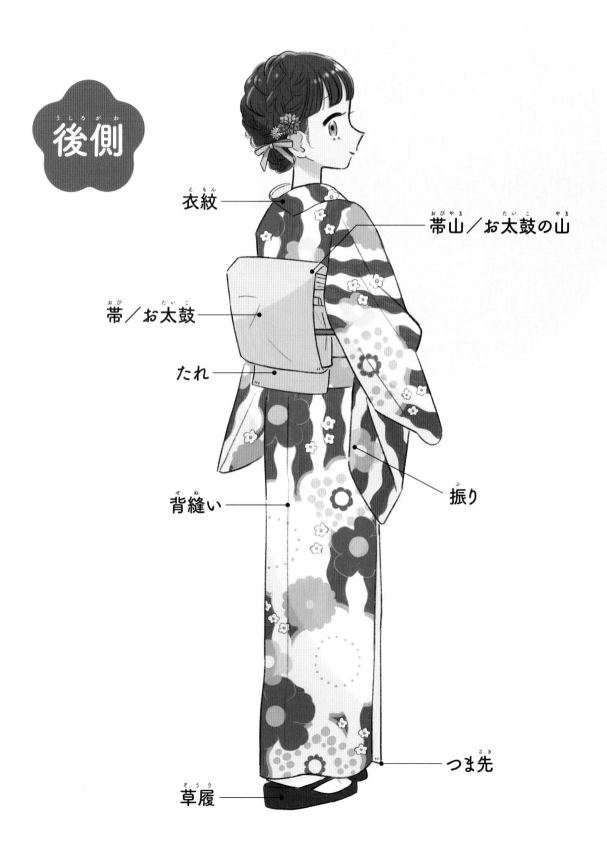

後側

衣紋

帯山／お太鼓の山

帯／お太鼓

たれ

振り

背縫い

つま先

草履

浴衣を着るときに必要なもの

この本では和装の中でもっとも簡単な、浴衣の着方を紹介します。
着るためにはいくつかのアイテムが必要なので、確認しておきましょう。

浴衣

タンクトップ
でもOK！

肌襦袢

浴衣の下に着る肌着です。ワンピースタイプ
と上半身だけのタイプがあります。
→ 1巻で紹介

ペチコート
でもOK！

すそよけ

腰に巻く肌着です。
→ 1巻で紹介

すててこ

男性用の肌着です。

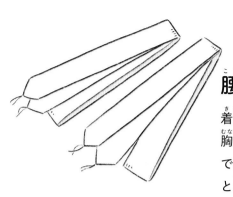

腰ひも

着物を着るときに腰と胸元の二か所に結ぶので、二本用意しておくと便利。

なければ厚紙でもOK！

帯板

前帯の形を整えるために、帯の間に差しこむ板。ゴム付きのタイプなら簡単につけられます。

帯

→ 1巻で紹介

半幅帯

12ページで文庫結びを紹介！

17ページで貝の口結びを紹介！

角帯

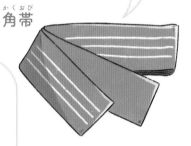

兵児帯

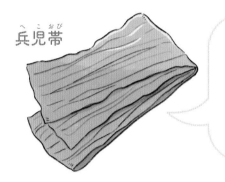

14ページでリボン返し結びを紹介！

その他に、あると便利なもの

タオル（補正用）

せんたくバサミ

浴衣を着てみよう 女性

※ここでは児童向けにわかりやすいよう、工程を簡略化して掲載しています。

必要なものが準備できたら、着付けにチャレンジしてみましょう。
浴衣や着物は、体の凹凸が少ないほうがきれいに着られます。

1

肌着を着たらタオルを巻いて、体のラインを平らに補正します。

2

えり先
すそ

浴衣を羽織って左右のえり先を持ち、浴衣のすそをくるぶしの高さまで持ち上げます。

3

左身頃
右身頃

左身頃を開き、右身頃を体に沿わせます。

4

左身頃

3の右身頃の位置をそのままに保ちながら、左身頃を体に沿わせて重ねます。腰まわりがゆるまないように気を付けましょう。

5

片結び

腰骨の少し上のあたりで、1本目の腰ひもを結びます。片結びにして、ひもの余った部分は腰ひもにはさみます。

6

身八つ口

おはしょり

脇にある身八つ口から両手を入れ、
前と背中側のたるみを伸ばしておは
しょりの底の部分を整えます。

7

衣紋

えり

背縫い

えりと背縫いを、前後
に引きながらえりと首
の後ろに空間（衣紋）
を作ります。

8

鎖骨が見えない位
置にえりを合わせ、
胸の下あたりで2本
目の腰ひもを結びま
す。

9

背中側の腰ひもまわ
りのシワを、両脇か
ら左右に引っぱって
整えます。

完成！

文庫結び 女性

浴衣の帯結びの中でも、最初に習得しておきたい基本の型です。
ちょっぴり上品に仕上げたいときにおすすめです。

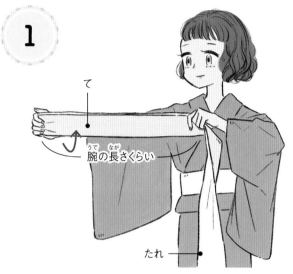

1

帯を縦半分に折り、帯の端から腕の長さくらいの
位置を左手で持ちます。これを「て」と呼びます。

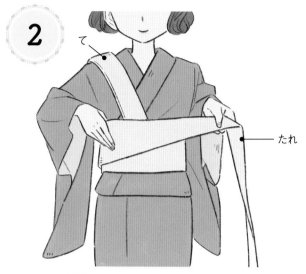

2

「て」を右肩にかけたら、「たれ」と呼ばれる残りの
帯を体に2周巻き付けます。正面に回ってきた「たれ」
を、内側に三角を作るように斜めに折り上げます。

3

肩にかけていた「て」と、2で折った
「たれ」で、一つ結びをします。

4

「て」を再び肩にかけます。「たれ」を広げ、結
び目から右方向へ折り、3の結び目に重ねます。
これが「羽根」と呼ばれるリボンになる部分です。

5

羽根の中央をつまみ、リボンの形を作ります。

6

肩から「て」を下ろし、リボンの中央と 3 の結び目をくるむように、下から2回巻きます。

7

余った「て」の先は巻いて浴衣と帯の間に入れます。リボンの形を整えたら右回りに回転させてリボンを背中側に移動させます。

8

帯板

一巻き目と二巻き目の間に帯板を入れます。
※ゴム付きの帯板の場合は、帯を巻く前に帯板を付けます。

完成！

リボン返し結び 女性

兵児帯を使ってふんわりと結ぶ方法です。
リボン結びにひと手間加えるだけで、簡単にかわいい帯結びができあがります。

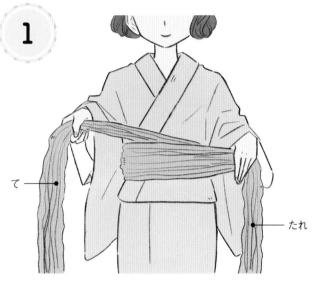

1

て

たれ

胸の下あたりに帯を巻き、前で交差させます。「て」の先端から60cmあたりを右手で持ち、左手に持った「たれ」を体に2周巻き付けます。

2

へits上あたりで結びます。左右の手で「て」と「たれ」を持ち、引きしめます。

3

リボン結びをして両方の輪を広げ、リボンに張りを出します。

4

たれている帯を2本まとめて持ち、リボンの結び目の下をくぐらせます。

5

くぐらせた帯を、結び目の上にかぶせて輪を左右に広げます。

6

結び目の下から出ている部分を、一枚ずつ広げてボリュームを出します。

7

リボンの結び目と帯の下を持ち、右回りに回転させて結び目を背中側に移動させます。

8

帯板

帯板を浴衣と帯の間に斜めに入れます。
※ゴム付きの帯板の場合は、帯を巻く前に帯板を付けます。

完成！

浴衣を着てみよう 男性

※ここでは児童向けにわかりやすいよう、工程を簡略化して掲載しています。

男性の着方は女性の着方と異なり、えり元の衣紋やおはしょりを作りません。
その分、男性のほうが女性より簡単に着られます。

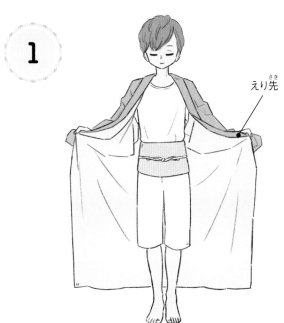

1

えり先

肌着の上から体のラインを補正するタオルを巻き、左右のえり先を持って浴衣を羽織ったら、その手を腰の高さに広げます。

2

右身頃

右身頃を左の腰骨の位置に当てます。

3

左身頃

2の位置を保ちながら、左身頃を体に沿わせて重ね、えり元にもゆるみがないように整えます。

4

腰骨のあたりで腰ひもを結びます。片結びにして、ひもの余った部分を腰ひもにはさみます。

帯を結ぼう③
貝の口結び 男性

男性において定番の帯の結び方です。女性とはちがい、腰骨の位置で結びます。
結び目は背中心から少し外すと、粋な仕上がりに！

1

「て」を縦半分に折り、腕の長さくらいの位置を左手で持ちます。

2

背中側が高くなるように巻くのがポイント。

背中側

左手で持った部分を体に当て、「て」を上から出したまま、「たれ」を3周、体に巻き付けます。

3

たれ

余った「たれ」を、左腰のあたりを起点に内側に折ります。

4

たれ

て

「て」を下にし、折った「たれ」でくるむようにして斜めに結びます。

5

たれ

て

「て」を上向きに持ち上げ、「たれ」をかぶせてくるむように結びます。右回りに回転させ、帯結びを背中側に移動させます。

完成！

着くずれたときの直し方

きちんと着られても、時間がたつとどうしても着くずれてきてしまいます。
そんなとき、ちょっと手直しをするだけで着くずれを直せる方法を紹介します。

● えり元がゆるんできたら…

身八つ口

右手で上前のえりを押さえながら、左の身八つ口から左手を入れて下前のえりをゆっくり下向きに引っ張ります。

次に、左手で上前のえりを押さえながら、おはしょりの先を右手で引っ張り、上前のえりを直します。

● 帯が下がってきたら…

浴衣と帯の間にハンカチなどをつめて、ずれ落ちるのを防ぎます。

● すそが下がってきたら…

おはしょりをめくり上げて腰ひもを押さえ、腰ひもの上の浴衣を引き上げて、すそを引き上げます。

2章

浴衣に似合う
簡単ヘアアレンジ

浴衣を着たときに似合うヘアスタイルを紹介します。
コーディネートと合わせた色やモチーフを
取り入れて、おしゃれを楽しみましょう。

ロング

2段お団子まとめ

使うもの
・ヘアゴム
・アメピン
・かんざし

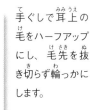

1 手ぐしで耳上の毛をハーフアップにし、毛先を抜き切らず輪っかにします。

2 毛先を結び目に巻きつけて、アメピンでとめてお団子にします。

3 残りの毛も①②と同じやり方でお団子にします。

4 2つのお団子を上からかんざしでさして、つなげます。

1 髪を低めの位置でポニーテールにし、結び目の数cm下をさらに結びます。

2 上の結び目に革ひもを通します。革ひもの長さは左右同じくらいにします。

3 左右のひもを交差させながら下へ巻き付けていきます。

4 髪の裏側でひもを結びます。残ったひもは髪の中に入れてかくします。

タイトひもポニー

使うもの
・ヘアゴム　・革ひも

ミディアム

ハーフアップシニヨン

1 手ぐしで耳上の毛をハーフアップにし、毛先を抜き切らず輪っかにします。

2 毛先をねじりながら結び目に巻き付け、アメピンでとめてお団子にします。

3 お団子にマジェステを斜めにかざります。

4 顔まわりの毛束にワックスをなじませて、束感を出します。

使うもの
- ・ヘアアイロン　・マジェステ
- ・ヘアゴム　・ワックス

※ヘアアイロンを使うときは、やけどの危険があるので必ず大人といっしょに使いましょう。

1 髪を低めの位置でポニーテールにし、頭の毛を少しずつつまみ出します。

2 1の結び目の数cm下をさらに結びます。

3 結び目の間の毛束をつまみ出して、ふんわりさせます。

4 もう一度2 3をくり返し、耳前の毛束にワックスをなじませて束感を出します。

ヤンパモリ（たまねぎヘア）

使うもの
- ・ヘアゴム　・ワックス

ショート

前髪ねじりアレンジ

真ん中で分けた前髪を、地の髪を入れこみながら左右それぞれ後ろ向きにねじっていきます。

ねじった左右の毛束をそれぞれアメピンでとめて固定します。

ところどころ毛をつまみ出して束感を出します。

ねじった毛束の上から、パールピンをランダムにあしらいます。

使うもの
・ヘアアイロン
・アメピン
・パールピン

髪全体にヘアオイルをよくなじませ、ヘアブラシでまっすぐにとかします。

手をそえてタイトさをキープしたまま、両サイドの髪にアメピンをとめていきます。

後ろの髪にもいろいろな方向からランダムにアメピンでとめます。

ヘアスプレーを少しはなした位置から髪全体にかけて、スタイルを固定します。

アメピンすっきりアレンジ

使うもの
・ヘアオイル
・アメピン
・ヘアスプレー

男性向けヘアセット

束感マッシュ

使うもの
・ヘアアイロン
・ワックス

① 髪をぬらしてタオルドライします。
② ドライヤーで全体をゆらしながら乾かします。
③ ヘアアイロンでランダムに巻きます。
④ ぐしゃっとにぎるようにしてワックスをもみこみます。
⑤ 毛束を散らして完成です。

センターパート

使うもの
・ヘアバーム

① 髪をぬらしてタオルドライします。
② 全体を後ろへ流すようにしながら、ドライヤーで乾かします。このとき前髪は立ち上げるようにするのがポイント。
③ オールバックにするように、ヘアバームをつけて完成です。

流し前髪

使うもの
・ワックス

① 髪をぬらしてタオルドライし、ドライヤーで8割程度乾かします。
② 前髪を指でとかしながら、流したい方向と逆向きにドライヤーを当てます。
③ 乾いたら、流したい方向にドライヤーを当てます。
④ 前髪の毛先に、軽くワックスをなじませて完成です。

前髪アップ

使うもの
・ワックス
・ヘアスプレー

① 髪をぬらしてタオルドライします。ドライヤーで8割程度乾かします。
② 前髪を下から上へドライヤーを当てて立ち上げます。
③ 髪全体に少量のワックスをつけてふんわりさせます。
④ 前髪の根元に軽くヘアスプレーをかけます。
⑤ 少しはなした位置から全体にヘアスプレーをかけて固定します。

Column

髪飾りいろいろ

着物にはかんざしと思われがちですが、髪飾りに決まりはなく、日常づかいのアイテムを使っても問題ありません。シーンや着物の格に合わせて好みのものを選びましょう。ヘアアレンジがさらにおしゃれになります。

かんざし

お団子ヘアのようなまとめ髪にさして使います。軸が1本のものや、軸が2本のもの、コームのように軸が細かく分かれているものなどがあります。

Ｕピン

お団子ヘアなどを、ふんわりと固定するのに使います。ゆるめのヘアアレンジ向け。Ｕピンをいくつもとめて、大きな飾りに見せることもあります。

マジェステ

かんざしとバレッタが組み合わさったような髪飾り。結んだ髪の毛束にかぶせて、とめるだけ。素材やモチーフもさまざまです。

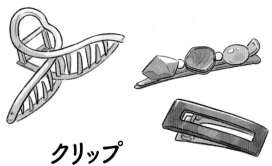

クリップ

前髪やサイドの髪をとめるタイプや、髪の毛束をしっかりはさんでとめるタイプなど、さまざまな大きさや形があります。

カチューシャ

頭にはめるだけで華やかな印象になる髪飾り。布をかぶせたものやプラスチック製のもの、大きな飾りが付いたものなどがあります。

3章

着物に合う
小物を作ろう

100円ショップなどで買える素材で簡単に作れる
アクセサリーや帯まわりの小物を紹介します。

着物や浴衣に合う小物アイテムを作って、
和装をもっとおしゃれに楽しみましょう。

ねんどの帯どめ p.27

つまみ細工の
クリップコサージュ p.28

水引のヘアピン p.30

はぎれのイヤリング p.32

ねんどの帯どめ

難易度

制作時間 30分

ねんどのかんそう
時間 2日

材料
・じゅしねんど
・アクリルガッシュ（絵の具）
・帯どめ金具
・万能接着剤※
・ネイルトップコート

道具
・筆
・やわらかいねんど型
（型を使わない場合
は、不要）

※接着力が強く、いろいろな素材に使えます。

作り方

1 形を作る

じゅしねんどがやわらかくなるまでこね、好きな形にして2日ほどかんそうさせます。

2 パーツを付ける

裏面に万能接着剤で帯どめ金具を付けます。

3 絵付け

アクリルガッシュで絵付けをして、半日ほどかんそうさせます。

4 コーティング

帯どめ金具を持って表面にネイルトップコートをぬり、半日ほどかんそうさせます。

型を使う場合

1 型にはめる

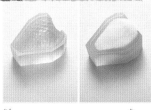

型よりも少しだけ多めに、じゅしねんどを入れるのがコツ。

型にすきまなくじゅしねんどを押しこみ、2日ほどかんそうさせます。

2 型からはずす

表面がかわいていたら、型からじゅしねんどを押し出します。

2 パーツを付ける へ続けて完成

アレンジ

動物の形にしても楽しいよ。

お花の形にしてもかわいいね！

つまみ細工のクリップコサージュ 難易度

材料
- ちりめん生地
  7cm 正方形（2色6枚ずつ）
- フェルト　直径3cmの円
- パールビーズ
- クリップコサージュ台座
- 布用接着剤
- 万能接着剤※

道具
- はさみ
- ピンセット
- つまようじ
- せんたくばさみ（6個）

※接着力が強く、いろいろな素材に使えます。

作り方

1 花びらを作る

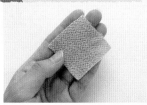

右下の型紙に合わせて正方形に切ったちりめんの角を、下に向けて手のひらに置きます。

2

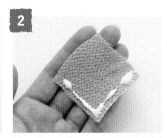

下に向いた角にそって、布用接着剤をV字にぬります。

3

横からピンセットではさみ、上の角を下の角に合うように折り合わせます。

4

角がずれないように調整し、きれいな三角形にします。

5

1から4の工程を他の色のちりめんでもう1つ作ります。

6

5で作った2つの三角形のちりめんを布用接着剤ではり合わせます。

7

三角形のちりめんを写真と同じ向きに置き、■の角に布用接着剤を付けます。

8

♥の角を■の角に合わせて折り合わせます。

9

★の角も同様に、■の角に合わせて折り合わせます。

10

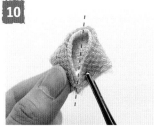

中央が山折りになるように軽く折り、左右の角を裏で重なり合うようにします。

11

裏で合わせた部分を指でつまむように持ち、はしをピンセットではさみます。

12

はしをせんたくばさみではさみます。輪の部分をピンセットではさみ、内側に向かって立ち上げます。

13

合計6枚の花びらを作ります。せんたくばさみではさんだ状態で、かんそうさせます。

14

花びらを2つずつ布用接着剤ではり合わせ、せんたくばさみではさみ、かわかします。

15

型紙に合わせて切った土台用フェルトに布用接着剤を付け、花びらを2つずつはり付けます。

16

全ての花びらをはり付け、花びらのバランスを整えます。

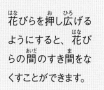

花びらを押し広げるようにすると、花びらの間のすき間をなくすことができます。

17 かざりを付ける

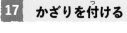

花の中央に万能接着剤でパールビーズを付け、半日かんそうさせます。

18 ピンに付ける

クリップコサージュ台座に万能接着剤を付け、花の裏のフェルトにはり付けます。

アレンジ

ビーズの数や種類を変えると、より華やかになるよ。

ちりめんの色を変えたり、柄があるものにすると印象が変わるよ。

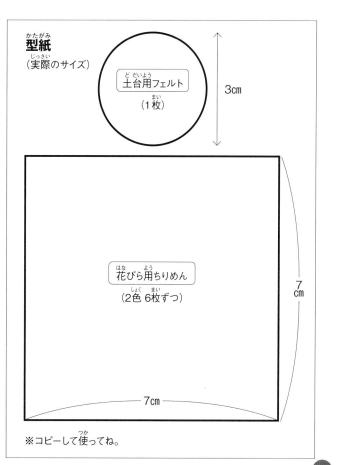

型紙
（実際のサイズ）

土台用フェルト
（1枚）

3cm

花びら用ちりめん
（2色 6枚ずつ）

7cm

7cm

※コピーして使ってね。

水引のヘアピン　難易度

制作時間
60分

材料
- 水引（3本）
- 万能接着剤※
- ヘアピン金具
- パールビーズ

※接着力が強く、いろいろな素材に使えます。

作り方

1 あわじ結びを作る

水引を30cm程度に切りそろえ、3本が重ならないように持ちます。

2

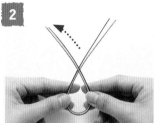

右のはしを左はしに重ねて交差させ、輪を作ります。

3

左に出た水引のはしⒶを、ゆるやかに折り曲げます。

4

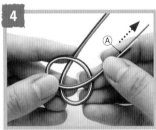

輪の中央を通るように、Ⓐをさらに曲げます。

5

左手で水引が重なった部分を押さえながら、Ⓑを折り曲げます。

6

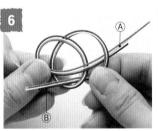

Ⓑを、Ⓐの下にできた輪に、下から通します。

7

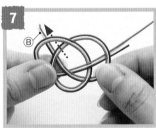

Ⓑを輪の左上に向かって、上から通します。

8

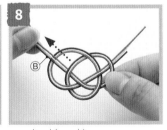

Ⓑを輪の下から通します。

結び図　結び図は、上の作り方に対応しています。

4

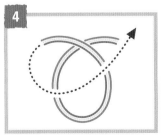

中央に輪をつくり、左にもう一つ輪を作ります。

7

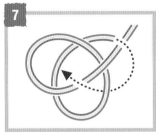

右にも輪を作ります。

8

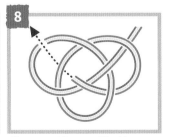

図のように下から、次に上からと、ジグザグに通します。

形を整えて完成。

9 引きしめる

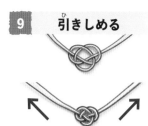

8のあわじ結びの左右のはしを引いて、形を整えます。

10

両はしをあわじ結びからはみ出ない長さに切り、万能接着剤でゆるまないようとめます。

11 かざりを付ける

あわじ結びの中央に万能接着剤を付け、パールビーズをはり付けます。

12 パーツを付ける

ヘアピン金具に万能接着剤を付け、あわじ結びの裏に付けます。

イヤリングにする場合

1

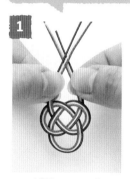

9の水引のはしを切らずに、交差させます。

2

交差させた部分に万能接着剤を付け、せんたくばさみではさみ、かんそうさせます。

3 パーツを付ける

水引、丸カン、イヤリングパーツをペンチでつなげます。

アレンジ

あわじ結びのゆるめ具合を変えたり、水引の色を変えてアレンジしてみよう。

アレンジ

帯どめにする場合

1 **1**から**8**の工程を7本の水引でつくり、左右の輪を少し広げます。

2 **10**のようにはしを切ってとめます。

帯じめ代わりのリボンに通しても、かわいい!

はぎれのイヤリング　難易度

制作時間
40分
かんそう時間
1日

材料
・はぎれ（かための生地）
・せんたくのり
・リボンどめ金具
・丸カン
・イヤリングパーツ

道具
・ペンチ
・はさみ
・針
・糸
・はぎれが入る大きさのトレー

作り方

1 ほつれ止めをする

トレーに水を張り、せんたくのりをとろみがつくまで入れ、はぎれをひたします。

2 ひだを作る

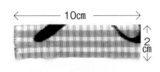

←10cm→　↕2cm

1日ほどかんそうさせた**1**を、2cm×10cmの長方形に切ります。

3

5mm

長辺から5mm程度のところを並ぬいします。

4

（※）

糸を引きしめ、布にひだを寄せます。バランスを見て、形を整えましょう。

5 花びらをとめる

リボンどめ金具で糸が寄った部分をはさんで閉じます。

ぬい目が金具でかくれるように、針の先などで布のはしを金具の中に押しこみましょう。

6 パーツを付ける

リボンどめ金具、丸カン、イヤリングパーツを、ペンチでつなげます。

布の幅を太くすると、もっと大きなイヤリングにできるよ。

アレンジ

2の片側の長辺を下の写真のように切ると、ひだの形が変わります。

ギザギザした形に切ります。　→

半円をつなげた形に切ります。　→

4章
<ruby>章<rt>しょう</rt></ruby>

洋装とミックス！
<ruby>洋<rt>よう</rt></ruby><ruby>装<rt>そう</rt></ruby>とミックス！

着物に、ふだん着ている洋服のアイテムを合わせて
おしゃれに着こなすのも今どきの楽しみ方です。
のびのびと自由な感性で、楽しみましょう。

Mix Coordinate

Mix コーデ 1
帯あげに スカーフ を
使ってエレガントに

和装洋装どちらでもマッチする麦わら帽子。

着物や帯の雰囲気に合わせたスカーフ。

鼻緒の色を着物の色と合わせて。

太めのベルトを帯代わりに。

着物の色に合わせたロング丈のスカート。

カラータイツとブーツで洋装っぽさアップ。

Mix コーデ 2
着物＋
ロングスカート で
袴風に

Mix コーデ 4

タートルネックは着物との相性抜群！

インナーにタートルネックの長そでシャツ。

洋装用のブローチを帯どめにアレンジ！

ごつめの厚底ブーツは、ロックなテイストに。

Mix コーデ 3

黒ベルトとパンプスが和装のスパイスに

帯じめ代わりに細ベルトを活用。

洋装でも使えるミニショルダーは、アクセントカラーで。

パンプスにシアーソックスを合わせてフェミニンに。

エプロンを巻いて
おはしょりを目かくし!

ミモレ丈にして
スカート風に。

洋装のくつ下に赤い
ストラップシューズ。

Mix_{ミックス} コーデ 5

着物を短く着付けた
お人形みたいな
エプロン コーデ

Mix_{ミックス} コーデ 6

チュール とフリルで
ドレッシーに変身!

インナーに
フリルつきの
タートルネック。

帯あげにレース
をアレンジ。

チュールを履いて着物
のすそからチラ見せ!

Mix コーデ7

シャツ とネクタイを合わせて大正モダンに

つば付きの帽子は着物に合わせやすい。

インナーにスタンドカラーシャツは明治時代の学生の定番スタイル。

えり元のおしゃれに、ネクタイをプラス。

ストールはシンプルな無地が万能。

洋装でも使えるカジュアルバッグ。

白いくつで足元はさわやかに。

Mix コーデ8

ストールで小粋に大人っぽく

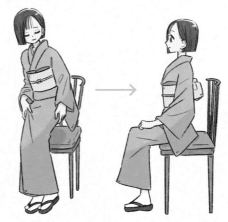

Column

着物のお作法

着物では洋装とは異なるふるまいが必要です。
美しく見えるよう気を配ることは、
着くずれの防止にもつながります。

イスに座る

右手で上前を持ち、左手で後ろの着物をおしりから下へなでおろしながら、ゆっくりと座ります。イスには浅く腰かけ、背筋を伸ばしましょう。後ろの帯がつぶれるので背もたれは使いません。

階段を上る

一段上に足を置くとき、上前のすそが階段について汚れてしまうことがあります。階段を上る前に右手で上前の端をつまみ、少し持ち上げましょう。

階段を下りる

階段を下りるときは、上前だけでなく、後ろのすそも汚れやすいです。右手で上前の端と後ろのすそを持ち上げ、少し短くしてから下りましょう。

トイレに行く

床につかないように、両袖を帯にはさみます。そして、着物の上前、下前、肌着の順に、胸あたりまで大きくまくり上げます。

つり革につかまる

そのままつり革につかまると腕が見えてしまいます。空いている手で袖口を軽く持ちましょう。

手を洗う

両袖を帯にはさみます。洗う前に、ハンカチを出してあごの下にはさんでおくと、スムーズにふけます。

さくいん

楽しむ伝統文化　着物
③着物・浴衣の着方、ヘアアレンジや小物作り

2024年1月5日発行　第1版第1刷©

監　修	織田きもの専門学校
発行者	長谷川 翔
発行所	株式会社 保育社
	〒532-0003
	大阪市淀川区宮原3−4−30
	ニッセイ新大阪ビル16F
	TEL 06-6398-5151　FAX 06-6398-5157
	https://www.hoikusha.co.jp/
企画制作	株式会社メディカ出版
	TEL 06-6398-5048（編集）
	https://www.medica.co.jp/
編集担当	二畠令子／中島亜衣／佐藤いくよ
編集制作	株式会社スリーシーズン
	（藤門杏子／宇野菜々春）
装　幀	キガミッツ
本文デザイン	キガミッツ
表紙イラスト	山崎零
本文イラスト	Guu／早瀬あやき
撮　影	竹下アキコ
印刷・製本	株式会社精興社

ISBN978-4-586-08673-3　　　　　　　　　　Printed and bound in Japan
乱丁・落丁がありましたら、お取り替えいたします。